大学入試

本番で失敗しない！
やりがち NG をおさえる

総合型選抜
学校推薦型選抜

選抜

選抜

特急合格 BOOK

監修 ＡＯＩ／福井悠紀

Gakken

はじめに

　この本を手に取っていただきありがとうございます。私は、総合型選抜専門塾 AOI の創業から 7 年にわたり総合型選抜の指導に携わってきました。その中で多くの受験生や保護者の方、学校の先生方とお話する機会があったのですが、そこでわかったのは総合型選抜に対する間違ったイメージを持っていたり、勘違いをしていたりする人が非常に多いということです。

　そのことが原因で受験を避けたり、受験したが間違ったイメージによって合格できなかったりするのは非常にもったいないことだと思っています。総合型選抜・学校推薦型選抜の仕組みは一見複雑に見えますが、正しく理解するだけで合格は近づくからです。

　この本では『特急合格 BOOK』という名の通り、スピーディーに総合型選抜の全体像をつかむことができるよう、よくある勘違いとそれに対応した解説をケースごとにわかりやすくまとめています。絶対にしてはいけないミスを理解することで、大きな減点を防ぎ、合格に近づきます。

　総合型選抜や学校推薦型選抜を検討しているが何をすればいいかわからない人、出願まで時間がない人、出願前に最後のチェックをしたい人はぜひ本書を活用してください。

AOI　福井 悠紀

もくじ

第 1 章　推薦入試を受けようと思ったら

第 2 章　出願までにすることは？

第3章　選考までにすることは？

巻末コラム　入学までにすることは？

本書の特長と使い方

point 1 推薦入試の基本がわかる

本書は、総合型選抜・学校推薦型選抜を中心とする推薦入試の理解に役立ちます。
推薦入試の対策やそのスケジュールなどをわかりやすく解説しています。

point 2 やってはいけない NG ポイントがわかる

本書では、「やってはいけない NG ポイント」を紹介しています。
注意するべきポイントを正しく理解し、適切に対策を進めましょう。

point 3 やりがち度と危険度がわかる

NG ポイントには、「やりがち度」と「危険度」の二つの指標を掲載しています。やりがち度・危険度の高いテーマは特に気をつけるようにしましょう。

point 4 図、イラスト、表、答案例でわかりやすい

本書は左ページが解説、右ページが図解を基本構成としています。
図やイラスト、表や答案例を豊富に使い、理解を深めやすい構成としています。

第 1 章

推薦入試を
受けようと思ったら

1章では、推薦入試の基本的な内容を紹介しております。総合型選抜や学校推薦型選抜の特徴と、代表的な試験内容やスケジュールなどを説明しているので、この章で推薦入試の全体像を捉えていきましょう。

やりがち度

危険度

推薦入試を選択肢に入れる

自分には推薦入試は関係ないと思うのは…

NG

➡ 入試機会を切り捨てるのはもったいない！

一般入試（一般選抜）での進学を考える人の中には、推薦入試を視野に入れていない人もいます。ですが、これはかなりもったいないことと言えます。一般入試だけでは受験のチャンスが限られています。

ここに推薦入試の受験を検討する理由があります。推薦入試の場合は、一般入試よりも前に志望校の受験機会があります。たとえ不合格だったとしても、一般入試のチャンスがまた巡ってきます。

➡ 推薦入試のメリット

このように、**推薦入試の受験には受験機会を増やすというメリットがあります**。そしてもう一つ、**志望校と自分の現状にギャップがある人にチャンスが生まれることも大きなメリットです**。

一般入試は学力一発勝負ですが、推薦入試は書類審査や実技、小論文やディスカッションなど、学力以外の要素が求められるケースがほとんどです。**学力以外の要素で自分の現状を補う**ことができる推薦入試は、志望校合格への別ルートなのです。

一般入試しか受けない場合

一般入試に推薦入試を追加する場合

POINT

☑ 推薦入試は学力以外の要素でも志望校合格を目指せる。
推薦入試で志望校合格のチャンスを増やそう。

02

やりがち度 ❗❗❗ 危険度 ⚡⚡⚡

推薦入試を選択肢に入れる

高校の偏差値が低い
からと諦めるのは…

推薦入試に向いている人

① 取得した資格や活動実績、特別な資質・能力がある人

英検などの資格を持っている、部活動で顕著な実績を残した、自治体や大学の探究活動に参加した、夏休みに留学した……このような特別な資格や活動実績を持っている人は、それらの適性を評価する大学の推薦入試に挑戦するのがよいでしょう。大学でも資格や得意分野を生かした学びを展開することができます。

② 自分の現状と志望校にギャップがある人

合格のチャンスを増やし、学力以外の要素でも力を発揮できるのが推薦入試のメリットです。

高校の偏差値は関係ない

「うちの高校は偏差値が低いから推薦入試を受けられない」と思う人もいるようです。しかし、推薦入試の受験には高校の偏差値は関係ありません。高校でどのように学び、どんな活動をしたかが合格を決定づけます。**推薦入試で大切なのは高校の偏差値ではなく、大学進学への強い意志と、そのための行動なのです。**

推薦入試でチャンスが増える人

 資格や活動実績、特別な資質・能力がある

- 英検2級以上
- 部活動でインターハイ出場
- 高校生ビジネスコンテストで優秀賞を取った
- ボランティア活動に積極的に取り組んだ
- 論理的に考えたり議論したりするのが得意

自分の現状と志望校にギャップがある

- 高校及び模試の偏差値は高くないが、学校の勉強に
  コツコツ取り組んできたので評定平均は高い
- 指定校推薦・内部推薦・スポーツ推薦を狙っていたが、
  ギリギリのところで希望する大学の枠が取れなかった

POINT
☑ 高校の偏差値は大学受験、推薦入試に関係ない。
チャンスを生かして合格の可能性を高めよう。

やりがち度  危険度

推薦入試を選択肢に入れる・正しく理解する

勉強や就活で苦労しそうと考えるのは… NG

➡ 推薦入試での入学者が増えてきている

現在、推薦入試で大学に進学する人が増えています。令和3年度には推薦入試での入学者数が50.3％と半数を超えました。一般入試がメジャーだった時代には、推薦入試は「逃げの選択」と思われていたかもしれませんが、それは過去の話。**すでに推薦入試は大学進学の重要な選択肢となっています。**

➡ 推薦入試で入学した人は成績が悪い？

かつては「推薦入試はラクに入学できるから、入学後の成績は悪く、就活でも苦労する」と言われていました。しかし実際は異なります。右の表のように、ＧＰＡ（Grade Point Average の略。成績を5段階の数値に置き換えて算出した平均値）は一般入試の学生と遜色ないという結果もあります。

一般入試の学生に比べ、推薦入試で入学した生徒の方が大学で学びたいことや将来の目標が明確な分、学業に真剣に取り組むからではないかと言われています。学業も就活も、推薦入試で入学したからこそ頑張れるという面もあるのです。

入学後の成績の比較（東北大学の GPA）

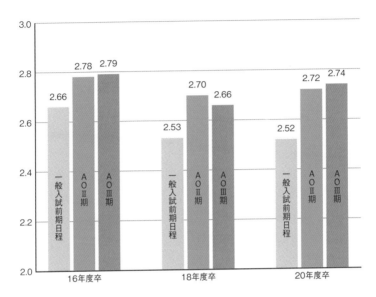

出典：https://www.asahi.com/edua/article/14543703

POINT

☑ 現在では推薦入試の入学者が大学生の半数を占めている。
大切なのは入学してから大学で真剣に学ぶこと。

一般入試との違いを理解する

対策をしなくてもよい と思うのは…

✏️ 「推薦入試は勉強しなくてよい」のウソ

一般に大学入試というと学力試験のイメージが強く、推薦入試の受験生は受験勉強をしなくてよいと思われることもあります。しかし、推薦入試には推薦入試ならではの勉強が必要です。

たとえば、学校推薦型選抜では高校での評定平均が出願資格を上回る必要があります。総合型選抜では小論文やディスカッションを試験に取り入れている大学も少なくありません。つまり、**推薦入試にもしっかりとした勉強と対策が必要なのです。**

✏️ 推薦入試の出願では入試要項を読み込もう

推薦入試は大学ごとに出願方法や選抜方法に大きな違いがあります。**志望校の入試要項が発表されたら、自分が志望する入試方式で何が求められるかを確認しましょう。**

小論文や面接は、一人ではなかなか勉強しにくいものです。学校や塾などの先生の力を借りて対策する場面もあります。自分の志望校を伝えて、協力してもらえるように事前にお願いしておきましょう。

一般入試と推薦入試の違い

	一般入試	推薦入試
入学試験の時期	入学する年の 1月〜3月	入学する前年の 9月〜12月
出願書類	願書・調査書	願書・調査書以外に、 志望理由書や 事前レポートなどが 求められることも
選抜方法	学力試験	調査書、書類選考、 面接、小論文、学力試験、 実技試験等を総合的に 評価する
合格発表までの期間	2週間程度	1か月以上かかる 場合も
合格から入学までの 期間	1か月〜2か月	3か月〜4か月

POINT

☑ 推薦入試にも対策が必要。

入試要項を確認して、出願書類や試験対策を進めよう。

やりがち度 ！ ！ ！　危険度 ⚡ ⚡ ⚡

評定平均を知る

評定平均がよいからと安心するのは…

推薦入試の出願資格と試験項目

　推薦入試には大きく二つの審査カテゴリーがあります。一つは出願資格。推薦入試の出願では願書を提出するだけでなく、それ以外の書類や資格の取得が求められる場合がほとんどです。もう一つは試験項目。たとえば小論文や面接、グループディスカッションの他に、学力試験が課される大学・学部もあります。つまり、**評定平均がよいからといって安心してはいけないのです**。さまざまな準備が必要であることを意識しておいてください。

評定平均の捉え方

　学校推薦型選抜ではほとんどの大学で評定平均の基準が設けられています。評定平均が基準を超えていれば出願資格を得られるので、評定は非常に重要です。しかし評定平均が高いから安心というわけでもありません。油断せずしっかりと対策しましょう。

　評定平均や出願資格、試験項目については第2章、第3章で詳しく取り上げます。志望校で求められる出願資格や試験項目を確認してから、該当するページを読んでください。

推薦入試の出願資格と提出書類・試験項目の例

出願に必要な項目・受験資格・ステータス

 評定平均

 部活動の実績

 英語資格
英検2級、
IELTS4.0　など

英語以外の資格　など

提出書類・試験科目

生徒自身が書く書類

 志望理由書、自己推薦書、学修計画書　など
※さらに事前提出課題、レポート作成が必須の場合も

先生・学校に用意してもらう書類

 推薦書、調査書、大学指定の書類　など

試験科目

 小論文試験、講義レポートの作成、面接試験、
グループディスカッションなど様々なレパートリーがある
※最近は学科試験を課す大学も

POINT

☑ 評定平均は出願資格の一つで重要だが、それだけで合格できるわけではない。

出願時の書類や試験項目の準備もしっかりと確認しておこう。

学校推薦型選抜を知る

推薦枠がないと諦めるのは…

> ### 学校推薦型選抜って？

　学校推薦型選抜は高校の校長先生からの推薦に基づき、主に調査書を用いて行う試験方式です。高校の評定平均が出願資格や合否判定に関わり、出願に必要な評定平均は大学が独自に決定します。準備の前に出願資格をしっかり確認することが重要です。

　学校推薦型選抜では、評定平均が重視されるため、**学校の勉強をしっかりやって、定期テストで好成績を取ってきた人に向いている入試形式**だと言えます。

> ### 学校推薦型選抜にも種類がある

　学校推薦型選抜には指定校制と公募制があります。指定校制は大学が指定した高校から校長先生の推薦によって出願でき、高校ごとに推薦できる人数が決まっているため、校内選考があることもあります。一方、公募制は校長先生の推薦がもらえれば誰でも出願できる入試です。つまり、**指定校推薦の枠がなくても学校推薦型選抜に出願することは可能なのです。**

学校推薦型選抜のしくみの違い（内部進学との違いも含めて）

	指定校制	公募制	内部進学
対象	大学の指定校推薦枠を持っている高校の生徒	高校生なら誰でも	大学付属校の生徒
出願資格	評定平均が大学が指定する出願資格の基準を超えていて、校長先生の推薦があること（ただし校内選考がある場合もある）	評定平均が大学が指定する出願資格の基準を超えていて、校長先生の推薦があること	大学付属校に通っていること
出願時期	11月1日前後	11月1日前後	学校によって異なる
選考方法	推薦書・調査書と独自試験（面接など）	推薦書・調査書と独自試験（小論文、面接、学力試験など）	定期テストの成績や、内部推薦テストの成績

✏️ 公募制では学力試験が行われる大学もある

　公募制の推薦入試では、調査書以外に試験を課されます。実際、多くの大学で「小論文」「面接・口頭試問」「基礎学力検査」などの試験が設けられています。たとえば理系学部の「小論文」では数学の問題を解く過程を示すという問題、文学部の「基礎学力検査」では英語の長文読解が出題されることもあります。

　ですから、「学校推薦型選抜だから受験勉強は必要ない」というのは甘い考えです。**入試要項を見て、必要な準備を確認してから対策を進めましょう**。学校のウェブサイトやオープンキャンパスで過去問題集、解説動画を配布している大学もあります。このような大学公式の入試対策もチェックしておきましょう。

✏️ 原則として第一志望校しか受けられない

　出願条件さえクリアすればチャンスが広がるのが学校推薦型選抜ですが、注意が必要なこともあります。それは**多くの学校が「合格すれば必ず入学する」という専願での出願を条件として設けている**ことです。合格したら他の大学に行かないことを約束しなさい、という条件ですね。一部併願が可能な大学もありますが、基本的に学校推薦型選抜で出願できるのは第一志望校だけと考えておきましょう。

公募制の推薦入試で行われる試験の例

小論文

・ 課題文なし一行型の問題
・ 課題文つき問題
　（課題文が英文の場合もある）
・ グラフや資料つき問題
・ 数学、理科、英語(英作文)などの
　教科を反映した問題

面接・口頭試問

・ 志望動機に関する質問が中心
　試験時間10－30分、試験官2名、
　受験生1名が一般的
・ プレゼンテーション型の場合もある
　5分のプレゼンテーションと
　質疑応答のセットが一般的

適性検査・基礎学力検査

・ 英語・数学・国語の試験
・ それぞれの学部・学科に応じた実技試験
・ 大学によっては大学入学共通テストの結果を選考に活用する

POINT

☑ 指定校の推薦枠がなくても公募制で推薦入試を受けること
はできる。

07

やりがち度 ❗❗❗　危険度 ⚡⚡⚡

総合型選抜を知る

自分にPR材料がないと 簡単に判断するのは…

総合型選抜とは？

　総合型選抜は、志願者の能力・適性や学習に対する意欲、目的意識等を総合的に評価する入試方式です。エントリーシートなど出願時の提出書類の内容と、面接、口頭試問、小論文、プレゼンテーション、学力・実技試験などを課して、時間をかけて判定します。その名の通り受験生を「総合」的に評価するのですから、大学が求める項目をクリアできるように準備する必要があります。

アドミッション・ポリシーとは？

　総合型選抜では、大学のアドミッション・ポリシーと受験生の適性との合致が問われます。アドミッション・ポリシーとは、大学の入学者受け入れ方針のことです。大学の特色や教育理念などに基づいて、どんな学生に入学してほしいかをそれぞれの大学が掲げています。

　ですから、総合型選抜の受験生は、自分にアピールポイントがないと諦めるのではなく、自分の能力を伸ばし、目的意識や意欲を伝えられるように準備しましょう。

総合型選抜と一般選抜の違い

	総合型選抜	一般選抜
対象	高校生以上 （一部例外あり）	高校生以上 （一部例外あり）
出願資格	高校卒業・卒業見込みの生徒	高校卒業・卒業見込みの生徒
出願時期	9月1日以降（大学入学共通テストの出願が必要な場合もある）	大学入学共通テストの出願日以降
選考方法	エントリーシート、面接、口頭試問、小論文、プレゼンテーション、学力検査などを通して、大学のアドミッション・ポリシーに合致する受験生を選抜する	主に学力検査（面接、小論文が必要な場合もある）

～アドミッション・ポリシー～
うちの大学は
こんな学生に入学してほしいです！

✏️ 学習意欲や目的意識のある受験生が求められる

　アドミッション・ポリシーに合致している受験生が合格するということは、その大学で学ぶのにふさわしい適性を備えていると判断された受験生が選抜されるということでもあります。さらに言い換えれば、**大学での学びに意欲的で、目的意識を持っている受験生が合格しやすい**ということです。総合型選抜では、こうした学習意欲や目的意識が最も重要です。

　したがって、総合型選抜の出願時に必要な書類では、学習意欲や目的意識をアピールすることが求められます。実際に書類を書く前に、何を書けば自分の意欲や目的を伝えられるか十分に考えることが必要です。

✏️ 学力検査が課される

　総合型選抜では受験生の能力や適性を総合的に評価しますが、その中では何らかの形で学力検査が課されます。たとえば、大学入学共通テストの受験が必須になっていたり、大学独自の学力検査（小論文、面接、口頭試問、プレゼンテーション、教科のテスト、実技試験）が課されたりします。学力が見られるといっても一般入試の筆記試験とは異なる場合が多いです。しかし、昔の「一芸入試」のイメージのまま出願書類の作成ばかりに時間をかけているだけでは合格は難しいでしょう。

　このように、総合型選抜では多様な能力が評価されます。けっして「逃げ」の選択肢ではありません。むしろ「攻め」の入試と言っていいでしょう。

エントリーシートの例

総合型選抜エントリーシート

〇〇大学

志望する 学部・学科	学部	学科

フリガナ		生年 月日	年　　　月　　　日
氏名			

フリガナ	
住所	〒

自宅 電話		携帯 電話	

フリガナ	
出身校	

●本学及び学部・学科を志望する理由

●本学入学後に学びたいこと

●あなたの将来像

POINT

☑ 総合型選抜では、受験生の能力や意欲、目的意識が総合的に評価される。何らかの形で学力検査が課されるので、対策が必要。

08

やりがち度 ❗❗❗　危険度 ⚡⚡⚡

志望大学・学部の決め方を考える

やみくもにエントリーするのは…

志望大学の決め方

　多くの大学の一般入試（特に私立大学）では、一つの学部・学科で複数回試験が行われますから、同じ大学の同一の学部・学科を複数回受験することも可能です。しかし、推薦入試の場合、受験機会は限られています。また、学校推薦型選抜では、多くの大学が合格したら入学することを条件にしています。そのため、「専願」を条件としている推薦入試では受験校の選定が重要です。

　一般的な大学・学部の決め方は次の通りです。

① **自分が将来進みたい分野・学びたいことをはっきりさせる**
② **それを実現できる大学・学部を複数探す**
③ **その中から自分に合っていそうな大学・学部を見つける**

大学内併願もできないところがほとんど

　推薦入試では「大学内併願（＝同じ大学の他の学部との併願）」はできないことがほとんどです（大学内併願を認めている大学も一部あります。各大学の入試要項を確認してください）。ですから、受験校選定では学部・学科まで決めておくことが必要です。

志望大学・学部の決め方

① 自分が将来進みたい分野・学びたいことをはっきりさせる

② それを実現できる大学・学部を複数探す

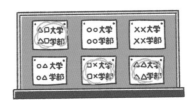

③ その中から自分に合っていそうな大学・学部を見つける

POINT

☑ **推薦入試こそ受験校選定が重要。志望大学はもちろん、学部・学科までしっかり決めておこう。**

09 対策スケジュールを知る

ギリギリで動き出す

のは…

NG

✏ 高3の1学期から夏休みにかけてやること

推薦入試は高3になる前から対策を始めるのが望ましいですが、出遅れてしまった人も高3の1学期から巻き返せば十分間に合います。高3の夏休みまでの間に次の準備をしておきましょう。

・受験する可能性のある大学のオープンキャンパスに行く

・受験で使える資格の確認。持っていなければ資格取得も検討

・学校推薦型選抜を受験するなら定期テスト対策

・志望理由書作成の準備

総合型選抜は9月から、学校推薦型選抜は11月（一部例外あり）から出願・試験が始まります。**出願日から逆算して準備を始めましょう。**

✏ 準備のキモは志望理由書

推薦入試で最も重要なのは志望理由書です。他の入試項目（小論文、プレゼンテーションなど）よりも準備が大変なだけでなく、選抜でも重きを置かれます。また、書く材料集めはもちろん、学校の先生などに添削してもらう必要もあります。**とにかく準備に時間がかかるため、早めに取りかかるようにしましょう。**

これから出願準備を始めるときのチェックリスト

- ☑ 入試要項が発行されていたら取り寄せる。されていない場合は昨年のものを参考にする
- ☑ 出願に必要な評定や英語資格、活動実績などの条件を把握する
- ☑ オープンキャンパスの情報を調べ、参加する
- ☑ 志望理由書のテーマを考える
- ☑ 試験科目（小論文や面接）の対策を始める
- ☑ 学校の先生や、塾の先生、保護者に総合型選抜や学校推薦型選抜の受験の意向を伝える

POINT

☑ 出願日までに準備が終わるよう、逆算して準備を始めよう。志望理由書は特に時間がかかるため、遅くても高3の1学期には始めること。

第 **2** 章

出願までに
することは？

2章では、出願までに準備することを紹介しております。出願するには、受験資格の確認や提出書類の用意など入念に準備しなければなりません。志望理由書は提出書類の中でも特に重要なのでしっかり準備をしましょう。

入試要項をよく読まない

のは…

推薦入試の入試要項は複雑

　もし今手元に入試要項があれば見てください。各学部の受験要件や出願資格が掲載されていますが、ものすごく細かく書いてあるように感じられませんか？　「高等学校卒業か卒業見込みである」などの基本的な要素以外にも、条件は複数あります。必要な書類、申し込みの期間、試験日、合格発表日、入学手続きなども細かく書かれているため、整理しながらメモをまとめることも大切です。

　入試要項は一見複雑ですが、重要な情報がたくさん書かれています。右のチェックリストを参考に、どの項目がポイントなのかを把握し、しっかり読み込みましょう。

入試要項をよく読むことが大切

　一般的な推薦入試の入試要項から自分に必要な情報を見つけるために、右ページのチェックリストを活用してください。ただし、これは最低限のチェック項目ですので、それ以外に必要な情報はないか、必ず自分でも調べておきましょう。

入試要項チェックリスト

☑ 受験要件　自分の通っている学校が含まれているか

☑ 出願資格　評定平均、資格試験スコア、大会実績などが自分に当てはまるか

☑ 出願書類　何を提出するのか（調査書、志望理由書など）
書式は指定されているか

☑ 出願書類の提出方法
インターネットか郵送か

☑ 出願書類・受験料の締切
書類の提出期限はいつか。郵送の場合、書類到着は必着か消印有効か
受験料の納入期限はいつか

POINT
☑ 複雑な入試要項から自分に必要な情報を見つけることが大事。
絶対に確認しなければならないことは何か、調べておこう。

評定平均を確認する

評定平均ギリギリだから受験しないのは…

 評定平均とは？

評定平均とは、高校1年生から3年生の科目別の成績（5段階評価）の合計を、履修した科目数で割った数値です。多くの**学校推薦型選抜と、総合型選抜でも一部の大学で、評定平均の具体的な数値が出願資格として設定されています。**

成績のつけ方は**全国で統一されておらず、各高校によるもの**ですが、たとえば出願資格が評定平均4.3以上であれば、評定平均4.2の人は出願できません。自分の高校がどのように評定平均を算出しているか、確実に計算して把握しておきましょう。

評定平均は満たしているかどうかが大切

たとえばあなたの評定平均が4.3だったとすると、出願資格が4.3以上の大学は、あまりにギリギリなので出願するのはやめようなどと考えてしまうかもしれませんね。でもそれは間違いです。

中には評定平均の点数を評価する大学もありますが、基本的には満たしているかどうかが判断基準となります。大学が示した評定平均を満たしているのであれば安心して、出願しましょう。

評定平均の計算方法（例）

高1の年間成績			高2の年間成績			高3の1学期の成績	
【国語】現代の国語	5		【国語】論理国語	4		【国語】論理国語	5
【国語】言語文化	4		【国語】古典探究	4		【国語】古典探究	5
【地歴】地理総合	4		【国語】文学国語	5		【地歴】日本史探究	5
【地歴】歴史総合	5		【地歴】日本史探究	5		【公民】政治・経済	4
【数学】数学Ⅰ	3		【公民】公共	4		【数学】数学C	3
【数学】数学A	4		【数学】数学Ⅱ	3		【理科】化学	4
【理科】物理基礎	3		【数学】数学B	3		【理科】生物	4
【理科】生物基礎	4		【数学】数学C	3		【保体】保健体育	3
【保体】保健体育	3		【理科】化学基礎	3		【外語】英コミュⅢ	4
【芸術】音楽Ⅰ	4		【保体】保健体育	3		【外語】論理・表現Ⅲ	5
【外語】英コミュⅠ	4		【外語】英コミュⅡ	4			
【外語】論理・表現Ⅰ	5		【外語】論理・表現Ⅱ	4			
【家庭】家庭基礎	3		【情報】情報Ⅰ	5			
合計	51		合計	50		合計	42
科目数	13		科目数	13		科目数	10

評定（5段階評価の成績）の合計÷全科目数

$$(51＋50＋42)÷(13＋13＋10)＝143÷36＝3.9722\cdots\cdots$$
$$＝4.0$$

POINT

☑ **評定平均次第で出願の可否が決まる。評定平均は基準値を満たしてさえいればOKなので、満たしていたら積極的に受験するべき。**

12

資格をどう生かすか

英検を諦めて、他の 資格に頼るのは…

英語資格は入試で有利

英検などの英語資格は、**ほとんどの大学・学部で出願資格、もしくは加点要素となっているため、まだ、受験のチャンスが残されているなら積極的に受験するべきです**。目安としては高校卒業レベルである英検二級相当を取得していれば加点されると考えていいでしょう。特に英検準一級相当を取得していると、難関大学の受験資格が得られたり、大幅な加点が得られたりします。

また、CEFR（セファール）の対照表を活用して戦略的に英語資格を取得することも、推薦入試を視野に入れるなら有効です。

資格の捉え方

高校生活で取得した資格を生かして受験することや、興味関心のある資格を勉強することは素晴らしいです。しかし、中には「英語は苦手だから……」と最初から英語の資格取得を諦めてしまう人がいます。さまざまな要素が総合的に求められる総合型・学校推薦型ですが、英語だけは高等教育を受ける上で基礎になる力でもあるので、間に合う方はチャレンジしてみてください。

CEFR 対照表 （一部）

文部科学省
平成 30 年 3 月

CEFR	英検	GTEC CBT	TOEFL iBT	IELTS	TEAP
C2				9.0 | 8.5	
C1	1級	1400 | 1350	120 | 95	8.0 | 7.0	400 | 375
B2	準1級	1349 | 1190	94 | 72	6.5 | 5.5	374 | 309
B1	2級	1189 | 960	71 | 42	5.0 | 4.0	308 | 225
A2	準2級	959 | 690			224 | 135
A1	3級	689 | 270			

POINT

☑ 資格は英語が圧倒的にオススメ。CEFR 対照表を活用して、志望校で有利になる資格取得を目指そう。

13 出願までにすること

やりがち度 **! ! !**　危険度 **⚡ ⚡ ⚡**

情報収集をしないのは…

➤ 推薦入試は情報収集がキモ

推薦入試は、先生や親がすすめるからとか、クラスの友人たちが受けるから、といった理由で、なんとなく受験するようなものではありません。自分がその大学で学ぶにふさわしい人物であることを大学側へアピールするため、能動的に動く必要があります。**自分から動いて積極的に情報収集し、自分の進路を切り開いていこうとする強い意志を持って、推薦入試の準備を進めましょう。**

➤ 出願までの具体的な動き方

たとえば、入試要項の取り寄せは他人任せにせず、自分で確認し、インターネットでダウンロードしましょう。オープンキャンパスの日程も自分で調べ、積極的に足を運びましょう。

入試要項が明らかにならないと準備ができないと思う人もいるかもしれません。しかし、大学が入試要項を大きく変更する場合は、2年前までに発表しなくてはなりません。発表がない限り、前年とほとんど同じ内容になるはずなのです。ですから、**前年の入試要項を確認して準備を始めておきましょう。**

38

情報収集チェックリスト

- ☑ 志望業界について本や新聞を読んだりインターネットで調べたりする
- ☑ 志望業界で働く先輩や知り合いに話を聞く
- ☑ 興味のある学問分野の本を読む
- ☑ オープンキャンパスに足を運び志望校について知る
- ☑ 大学のパンフレットやウェブサイト（志望学部の先生のページも）を見る
- ☑ 志望校に通っている先輩や知り合いに話を聞く
- ☑ 手に入る時点で最も新しい入試要項をしっかり読む
- ☑ 出願に求められる評定平均を確認する

POINT

☑ **自分から能動的に情報を収集しよう。入試要項の発表前でも、前年のものを参考にして準備を進めておくことが大切。**

14

調査書について

学校任せにしてしまう

のは…

NG

➡ 　　　　　調査書とは？

ほとんどの推薦入試では調査書の提出が求められます。**調査書とは、学校の指導要録に書かれていることをもとに作成する書類です**。文部科学省によって書式が指定されているので、学校の先生にお願いして受験校分の調査書を準備してもらいます。

➡ 学校の先生とのコミュニケーションが重要

指導要録には成績だけでなく、学校での活動や態度も書かれているので、**普段から学校の先生と積極的にコミュニケーションをとって、良好な関係を築いておくことが重要です**。

また、生徒自身が「協調性がある」という点を自身の適性として書いた場合、それを知らずに先生が「協調性がある」という内容とは矛盾やズレがある書類を作成してしまう可能性もあります。

そのため、生徒から先生に対してはこまめに提出書類作成の現状報告をして、どういう方針で適性をPRするのか、話し合いながら進めるのが望ましいです。

調査書の記入項目

調査書の記入項目	
学習の記録・成績	高校3年間の成績や教科ごとの評定、評定平均などが書かれる
特別活動の記録 指導上参考となる諸事項	特別活動や資格など高校3年間の活動が書かれる
31 出欠の記録	学校の出欠や出席停止、留学日数などが書かれる

POINT

☑ 推薦入試では調査書の提出が求められ、合否判定にも使われる。普段から先生とコミュニケーションをとっておこう。

15 学業について

試験だけで逆転合格を目指すのは…

NG

推薦入試の評価基準

推薦入試を甘く見て「一般入試でも合格しそうな偏差値だから、推薦なら確実。さっさと合格を決めて楽になりたい」と考える人もいます。しかし推薦入試は単に学力を測る入試ではありません。大学は、受験生の学習意欲やこれまでの実績など多様な基準を設けて、自校で学ぶにふさわしい人を選抜しようとします。ですから、**偏差値という物差し一本で合否を占うことはやめるべきです。**

多角的な学力評価

一般入試のように試験当日の一発勝負で学力が測られるケースは、推薦入試ではそう多くありません。調査書により高校3年間で培ってきた学力を評価したり、資格取得を評価したりします。

また、どのような項目を評価するか、その比率をどうするかも、それぞれの大学がアドミッション・ポリシーに沿って独自に決定します。自分は大学が求める人間であることを、さまざまな資料を使って証明するのが推薦入試だと言えるかもしれません。**試験当日「だけ」頑張っても、推薦入試では歯が立たないのです。**

一般入試の対策：勉強して得点・偏差値を上げる

推薦入試の対策：時間をかけて自分の能力を鍛える

POINT
☑ 推薦入試は偏差値で合否を占うことができない。学力の評価の仕方は大学によって異なる。

16 活動実績とは

特別な活動実績がない から受けないのは…

NG

➤ 特別な実績がなくても推薦入試には合格できる

　推薦入試は特別な活動実績がある人だけが受ける入試だと思い込んでいる人がいます。もちろん、部活動で全国大会出場や留学経験のような、実績を持つ人が積極的に推薦入試を受けることもあります。また、そのような人を対象とした入試方式を用意している大学も多くあります。しかし、**たとえ華々しい実績がなかったとしても、推薦入試を受験し合格することはできるのです**。

➤ 学びをどのように言語化するか

　人と比べ、自分の活動実績はぱっとしないように思えることもあるでしょう。しかし、推薦入試で大切なのは実績そのものではなく、**活動を振り返り、そこで学んだことを言語化して伝えることです**。経験やできごとの羅列ではなく、そこで何を学んだのかを適切に言語化することで、立派な活動実績になるのです。

　ただし、学びを言語化するのは簡単なことではありません。時間をかけて丁寧に経験を振り返り、何度も練り直しながら的確な言葉を選んでいくことが大切です。

活動の振り返りと言語化の例

POINT

☑ 特別な活動実績がなくても合格できる。自分の体験を振り
返って言語化することが大切。

17

活動報告書について

すごい実績だけを書く

のは…

NG

 ## 活動報告書とは

　推薦入試の出願書類に活動報告書が含まれる場合があります。活動報告書とは文字通り高校生活でどのような活動をしたのかを報告する書類です。自分の高校生活やその時期の学校外での活動を振り返り、アピールしたいことをまとめて書きましょう。

事実を書くだけでは不十分

　しかし、活動報告だからといって活動内容や事実の列挙を求める大学ばかりではありません（自分の志望校の趣旨についてはしっかり確認しましょう）。たとえば部活の全国大会・留学・英検準1級取得などの実績だけでなく、そこから得た**気づきや学びを言語化して表現する**ことが必要です。また、挫折や失敗談であったとしても、**それをどのように乗り越えたかを詳しく説明することで、計画力や行動力をアピールすることができます。**

　このように、事実を書くだけでなく、そこから何を学びどのような行動をとったか、自分が取り組んできた活動内容を自分のことを知らない人に伝えるということを意識して作成しましょう。

活動報告書　NG パターンと OK パターン１

NG例

　私はテニスの全国大会で準優勝しました。練習は大変でしたが、頑張ったおかげでこの結果を勝ち取れたと思います。これからもさまざまなことを頑張りたいです。……

✕　「頑張った」事実しか書かれていない。

OK例

　私はテニスの全国大会で準優勝しました。練習は大変でしたが、コーチに指摘された欠点を自分なりに工夫して改善することで技術が向上しました。練習で身につけた創意工夫の能力は大学での学びにも生かせると思います。……

◯　どのように乗り越えたかの説明が具体的。

POINT

☑ 活動報告書に事実だけを書くことは避ける。気づきや学び、困難の乗り越え方も書くことで自分をアピールする。

すごい実績がないからと 何も書かないのは…

➦ 活動報告書で書くべきこと

活動報告書に必要なのは華々しい実績ではなく、大切なのは活動の中身です。次の二点と「PDCA」を盛り込みます。

① 目的意識と結果

漫然とではなく目的意識を持って頑張ったことをアピールすれば、たとえ小さな結果でも大きな意味を持たせられます。

② 得られた学び

活動したことによって学びや気づきがあったはずです。それが自分の将来にどのように生かせるかを考えましょう。

➦ PDCA とは

PDCA とは、**P（Plan 計画）→ D（Do 実行）→ C（Check 評価）→ A（Act 改善）**というプロセスのことで、このサイクルで成長してきたことを示します。たとえ失敗や挫折の経験でも、改善できたことが示せれば、大きなアピールポイントになります。

NG例

　本当にたいしたことがなくて恥ずかしいのですが、私はテニスの区大会に出場し、3回戦で敗退しました。頑張ったのですがそこまででした。こういう情けない自分を大学生活で変えたいと思っています。……

 活動報告書で謙遜する必要はない。自分の長所をアピールすべき。

OK例

　私は2年生のとき、テニスの区大会に出場し、1回戦で負けてしまいました。そこから P 1年後の勝利を見据えて D 体力トレーニングとフォームの改善に取り組みました。C コーチにアドバイスをもらいながらよりよいプレーを追求し、A 3年生の大会では3回戦まで進むことができました。……

○ PDCA サイクルを表現できている。

POINT

☑ 華々しい活動実績がなくても活動報告書は書ける。目的意識と結果、得られた学び、PDCA を書こう。

志望理由書をないがしろにするのは…

志望理由書が最も大事！

推薦入試では大学で学ぶ意欲や目的意識が重視されます。また、大学の入学者受け入れ方針（アドミッション・ポリシー）に合致する受験生を選抜したいという大学の意向もあります。これらを測る書類が志望理由書です。ですから、**志望校に進学したいと思う理由を詳細に記す志望理由書が、推薦入試**では最も重要なのです。

よい志望理由書とは？

次の二点について、十分な準備をしておきましょう。

① 志望理由

なぜその大学に進学したいのかを書きます。また、その大学に進学して何を学びたいのかも書かなければなりません。

② 自分がどう優れているか

志望校のアドミッション・ポリシーに自分が合致していることを示します。志望校について詳しく調べておくことが重要です。

志望理由書を書く前に考えておくこと

① 志望理由

・自分がなぜ大学に進学したいのかを考える

・自分がなぜ志望校に進学したいのか、進学して何をどのように学んでいきたいのかを考える

OK 例

中学校教員になるために、教員免許をとりたい。
英語を学びたいので、志望校の留学支援制度が魅力的。
演習が充実した情報学の講義を受けたい。

② 自分がどう優れているか

・高校生活で自分がどんな資質・能力を身につけたかを考える

・それが志望校のアドミッション・ポリシーに合致するかを考える

OK 例

　部活動の練習を通して、自分で創意工夫して困難を乗り越える力を身につけた。
　それが志望校の「チャレンジ精神を持ち、困難なことに取り組む意欲のある人」というアドミッション・ポリシーに合致する。

➡️ 志望理由書に書くべき五つの要素

　前ページで事前に考えておくべき内容を考えました。これを実際の志望理由書に落とし込むために、さらに細かく分けていきます。具体的には次の五つの要素に整理します。

① 自分の将来を思い描いたきっかけ

　自分が目指す進路に興味を持つきっかけとなったできごとや、影響を受けた人について書きます。**他の人とは異なる自分だけの体験ですので、他の受験生と差をつけ、自分をアピールできる部分でもあります**。できるだけ詳しく書きましょう。

② 問題分析と　③ 解決策

　自分の志望する分野が抱えている社会的な問題を考えます。そして自分がそれにどう関わり、どのように問題を解決するかを書きましょう。そのためにも**日頃から社会に広く目を向け、志望分野の情報を積極的に集める必要があります**。

④ 自分の将来像・キャリア

　大学を卒業後、どのように活躍したいのかを書きます。大学での学びを生かしたキャリアプランを考えて書きましょう。

⑤ 大学での学び

　①〜⑤をきちんと考えることで、大学でどのようなことを学ぶべきかがはっきりするはずです。志望理由書では、大学での学修計画の記述が重要なポイントです。また、その学びが志望校でこそ実現可能なものだということをアピールする必要もあります。

志望理由書に書くべき要素（看護師を例に）

① 自分の将来を思い描いたきっかけ

OK例

　子どもの頃に長期入院をしたとき、看護師さんが自分を含めた患者さんに優しく接する姿を見て憧れた。

② 問題分析と　③ 解決策

OK例

　変則的な職場で、厳しい労働環境が問題になっている。看護師になったらまずは職場環境を整え、同僚と一緒に働きやすい病院をつくることに貢献したい。

④ 自分の将来像・キャリア

OK例

　病棟での看護はもちろん、地域医療にも興味がある。地域の人々の保健衛生活動にも携わりたい。

⑤ 大学での学び

OK例

　看護師国家試験に合格し看護師になることはもちろん、保健師資格の取得に向けての勉強も進めたい。そのために、サポートが充実した貴学で学びたい。

POINT

☑ **志望理由書は推薦入試の合否判定に深く関わる。志望するきっかけ、社会問題と解決策、将来像、大学での学びを書こう。**

やりがち度 ! ! !　　危険度 ⚡ ⚡ ⚡

志望理由書の書き方

地に足がついていない内容を書くのは…

NG

▶ 志望したきっかけは明確に示す

　志望理由書を書き始めると、自分をカッコよく賢そうに見せたいという気持ちがわいてきます。しかし、自分をよく見せようとすると、かえって自分の魅力が伝わらなくなってしまうことがあります。それは**志望したきっかけが自分ならではのものになっていない**場合です。自分にしか書けない志望理由書を書くには、その分野や学校を志望したきっかけを明確に示すことが大切です。

▶ 誰でも書けるきっかけは書かない

　たとえば「地球環境問題を解決したい」という将来の夢を持っている人が、きっかけとして「学校の授業で温室効果ガスの削減が大切だと知ったから」と書いたらどうでしょう。本当にそう思ったのかもしれませんが、これくらいのことなら誰もが同じように思うはずです。これでは自分ならではの志望理由書になりません。

　また、温室効果ガス削減のための方法や、それに自分がどのように関わっていくのかまで書かないと、一般的な知識しか持っておらず環境問題に対する分析が浅いと受け取られてしまいます。

志望したきっかけ　NG集

① きっかけが軽い

NG例

……をニュースで見て知ったから。
……を学校の先生にすすめられたから。

 それがきっかけだったとしても、そこから自分なりに深めたことがわかる文章にする。

② 熱意が伝わらない

NG例

……になんとなく興味をひかれたから。

 興味をひかれた点を掘り下げて、魅力や問題点を伝える。

③ 具体的な解決策がない

NG例

……の問題を解決したいと思ったから。

 どのように解決するのか、そのために自分が何を学ぶ必要があるのかを具体的に書く。

④ 根拠が乏しい

NG例

……が私に合っていそうだと思ったから。

 そう考えた根拠を示し、自分の能力や資質をもとに適性を述べる。

 きっかけの例

　志望したきっかけに経緯を書くことは大切です。しかし、それだけで終わらずに**自分の熱意が伝わるような内容も盛り込まなければなりません**。養護教諭の志望者を例に説明します。

○ 保健室登校をしていた頃、保健室の先生が私の不安な気持ちをよく聴いてくれたことで気持ちが楽になり、教室に戻ることができた。保健室登校の増加が社会問題となっているが、それを改善できるよう、資格取得の勉強以外に青年心理学も詳しく学びたい。
　→社会問題を知った経緯だけでなくそのときの感情を書くことで、熱意が伝わりやすくなります。また、それが大学での学びにつながっていることも示されており、好印象です。

○ 小学生のとき体育で骨折してしまった。大泣きする私に養護の先生が駆け寄ってきて、てきぱきと応急処置をしてくれ、そばでずっと励ましてくれた。その体験が今も強く胸に残っている。
　→幼い頃の強烈な体験が志望理由になると、それを糧に努力し、学びへの高いモチベーションが続くと評価されます。

　このように、**体験だけでなくそこでの心の動きもあわせて書くことで、自分の熱意を伝えることができます**。もちろん必ずしも全員にこういう体験があるわけではありませんが、もしこうした体験があれば積極的に志望理由書に盛り込むとよいでしょう。

志望理由書の例

養護教諭を目指したきっかけ

OK答案

養護教諭という仕事に、子どもの傷の手当てや体調管理以外にも大切な役割があるということを知ったのは、中学生のときでした。私は転校して入ったクラスにうまく馴染めず、教室にいづらくて保健室で過ごす時間が長かった時期があります。そのとき、保健室の先生は必要以上に私に話しかけることはなく、一方で私が話したいときには優しく聴いてくれました。そのおかげで私は立ち直り、もとの教室に戻ることができました。

今思えば、無理に立ち直らせようとするのではなく、私の心の回復を待ち、話を聴くことで私の不安を落ち着かせようとしていたのでしょう。このようにして中学生の私の心をサポートしてくれた保健室の先生への感謝の気持ちが強くなるにつれて、私も同じような仕事に就きたいと思うようになりました。

○ 具体的に書くことで自分ならではの体験の記述になる。

○ 体験だけでなくそれに対する感情を書くと熱意が伝わりやすくなる。

POINT

☑ 誰もが書ける内容ではなく、自分ならではの志望のきっかけを書く。自分の体験＋そのときの心の動きも盛り込もう。

理想ばかり並べ立てる

のは…

やりたいことを一つに絞って考える

「将来どうなりたいかまだ全然決まっていないから、正直にそう書こう」「やりたいことが複数あって絞りきれないから全部書いてしまおう」と考えている人もいるのではないでしょうか。しかし、そもそも学びたいこと・将来像をイメージできていなければ志望理由書を書くことができません。また、やりたいことを二つ書いてしまうと、一つのテーマについての情報量が半分になってしまいます。これでは自分ならではの志望理由を十分に説明することができず、中途半端になってしまいます。

まずは**学びたいこと・将来像を一つに絞りましょう**。決まっていない場合でも自分がイメージしている方向性を明確にして、それについて具体的に考えてみましょう。

理想を追うと同時に現実の問題にも目を向ける

将来像が明確になったからといってそれで満足してはいけません。理想を追うと同時に、いま目の前で起こっている問題にも目を向ける必要があります。それは社会の問題かもしれませんし、

あなた自身が抱えている課題かもしれません。いずれにしても、現実の問題を解決することで、あなたが目指す理想像にたどりつくことができるのです。

　現実の問題を洗い出して言語化し、それをどのように解決してどんな未来を実現するのか。このように、**現実の問題とその解決策を考えることで、説得力のある志望理由書を書くことができます**。

✏ 独自の切り口で問題と解決策を捉え直す

　現実の問題を解決しようとすると、ありきたりな解決策や、すでに広く行われている対応策しか浮かばないことがあります。その場合には**解決するべき問題を設定し直す**とよいでしょう。これまであまり触れられてこなかった問題を発見し、それに対する解決策を提示すれば、独自性の高い文章になります。

問題分析と解決策の例

　養護教諭の志望者を例に、問題の捉え直し方を考えてみましょう。

　たとえば養護教諭が抱える問題としてパッと思いつくのは保健室登校の増加ではないでしょうか。すると養護教諭を増やせばよいという解決策が思い浮かびます。しかしこれはありきたりで、誰でも思い浮かぶ解決策であり、独自性があるとは言えません。

　これを「養護教諭以外の人でも対応できるようにする」という方向で問題を捉え直すとどうでしょうか。すると、「保健室登校の生徒の心をサポートする人を増やすことが大切だ」という方向性が見えてきます。そうすると、たとえば「スクールカウンセラーと養護教諭が連携して対応する」という解決策が考えられます。このように、問題点を捉え直すことで、ありきたりな策を超えた発想に至ることができるのです。

志望理由書の例

養護教諭の将来像と現実の問題

OK答案

　養護教諭が他の教員と異なるのは、学級の生徒だけでなく学校全体の生徒・児童の保健管理に関わることです。もちろん他の教員も子どもたちの心身の成長に責任を持ちますが、養護教諭はその部分に特化したプロフェッショナルです。専門性を生かして教育に携わりたい私にとって非常に魅力的な職であると考えています。

○ 他の職種との違いを示すことで、将来像を明確に描いていることが伝わる。

○ 理想を語るだけでなく、現実の問題を見据えていることをアピールする。

　しかし、最近では保健室登校の増加など、子どもたちの心の問題が増えてきています。少ない人数で学校全体を見なければならない養護教諭の負担は増加する一方です。とはいえすぐに養護教諭の数を増やすのは難しいでしょう。そこでスクールカウンセラーと連携して子どもたちの心の問題に対処することが、今後ますます求められるはずです。私も養護教諭になって周囲の人と連携しながら活動するために、大学では隣接領域まで含めて学びたいと考えています。

○ ありきたりではない独自の解決策まで考えられている。

○ 問題解決に向けた現実的な目標まで立てられている。

POINT

☑ 将来像・キャリアを明確に描き出す。理想だけでなく、現実の問題点とその解決策を具体的に考えることが大事。

22

やりがち度 ❗❗❗ 　危険度 ⚡⚡⚡

志望理由書の書き方

志望する職業を書けば
大丈夫だと思うのは…

NG

 キャリアとは？

　自分の将来像を考えたとき、どんなイメージが思い浮かぶでしょうか。たとえば看護師なら、総合病院の勤務になった場合、最初の数年は普段の業務に加えさまざまな研修を受けて、いくつものフロアを勤務し、知識と技術を習得していきます。その後経験を積み、医療従事者と連携を取りながら、他の看護師を取りまとめる役に移行していきます。患者との関わりはもちろん、総合的な仕事も受け持つようになります。このように、**仕事は職業ではなくキャリア（経歴）として考える必要があるのです**。

 人生プランを考える

　将来の仕事をキャリアとして捉えると、自分の将来像を考えることは人生プランを考えることでもあります。たとえば国連で活躍する夢を持っているなら、最低でも大学院で修士課程を修める必要があります。プロスポーツ選手を目指すなら、引退後のセカンドキャリアを見据えておかなければなりません。**大学卒業後5年〜10年後を今のうちから考えておきたいところです**。

✏ キャリア像は面接で生きる

　志望理由書を書くときには、志望理由やきっかけ、問題と解決策を書くだけで制限字数や記入欄がいっぱいになってしまい、キャリアや人生プランを削りがちです。しかし、**キャリアを明確に想定できていることは必ず面接の際に役に立ちます**。将来像を具体的にイメージできていることが面接官に伝わるからです。その意味でも志望理由書の準備の中で、自分のキャリア、人生プランについてしっかり考えておくことが大切です。

　推薦入試の面接の準備はそれ単独で行うものではなく、志望理由書の準備と同時に進めるものです。特にキャリア像は志望理由や解決策の立案に深く関わります。

 キャリアの例

　養護教諭の志望者を例に、キャリアを考えてみましょう。

　養護教諭の資格を取得してすぐに学校に就職するだけが養護教諭になる道ではありません。たとえば、いま学校では児童・生徒のケガや病気の手当て、保健教育の場面で、医療の専門性の高い養護教諭の必要性が高まっています。そうした養護教諭になるには、まず看護師資格を取得して医療の現場で数年経験を積み、働きながら通信制大学などで学んで養護教諭資格を取得し、学校で働くという道が考えられます。

　大学を卒業してすぐに就職して働き始めることだけがキャリア形成のルートではありません。自分が目指す働き方や人生プランのために必要なキャリアを、今のうちからイメージしておきましょう。

志望理由書の例

養護教諭のキャリア形成

OK答案

　私がイメージする養護教諭像は、単に児童のケガの手当てや健康管理を行うだけのものではありません。たとえば学校生活で悩みを持っている児童の心のケアや、健康相談に的確に答えられる能力を持った養護教諭になりたいと考えています。

> ○　働き方を具体的にイメージできていることをアピールする。

　それにはまず医療の専門知識を身につけることが最適だと考え、看護師資格を取得して3年間看護師として働きます。その経験を踏まえて、養護教諭になるための勉強を貴学で始めることが、私の目指す専門性の高い養護教諭への第一歩になると確信しています。

> ○　目指す将来像をもとに自分のキャリアを選択していることを明示する。

　養護教諭になってからも看護師の経験を生かし、学校内だけでなく外部の医療機関とも連携して、児童の保健教育に役立つ活動を推進していきたいと考えています。

> ○　自分のキャリア形成だからこそ実現できることを書く。

POINT

☑ **職業名だけでなく、キャリア・人生プランまで考えておこう。キャリア形成を考えることは面接対策にもなる。**

どの学校にも当てはまることを書くのは…

✏️ 専門学校や就職ではなく大学進学を選んだ理由

　自分のキャリア形成のために、大学進学は必須という場合があります。たとえば医師の資格を得るには大学の医学部に入学しなければなりません。しかし、同じ医療職であっても看護師やリハビリテーションの資格は専門学校で学んで取得することも可能です。ですから単に「看護師になりたい」「理学療法士になりたい」という志望理由では「なぜ大学に進学するのか」ということが明確になりません。推薦入試の志望理由書では**その他の道ではなく大学進学を選択した理由を明らかにする**ことが求められます。

✏️ キャリア実現に必要な情報を集める

　自分のキャリアを実現するための学びを具体的にイメージできていないと、大学進学志望の理由を明確にはできません。それには自分が学びたいことを詳細に捉え直すことが必要です。とはいえ、イメージするための材料がなければキャリアを実現する学びを考えることはできません。まずは志望分野に関する本や大学の資料を読み、必要な学びに関する情報を集めましょう。

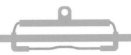

大学進学の理由　NGチェックリスト

✓ 大学でなくても取得できる資格だけを書くのはNG
○資格取得のためだけでなく学問として学びたい。隣接分野も専門的に学べる

✓ 大学で学びたいことを漠然としか捉えていないものはNG
△法学　　○国際法を学びたい

✓ 「○○の講義がある」だけはNG
その講義に重点を置いて学ぶことで何を身につけたいのか、目的も合わせて書く

✓ 「オープンキャンパスの雰囲気が良かった」だけはNG
志望校ならではの魅力はオープンキャンパス以外にもたくさんある

✓ 大学の制度やカリキュラム、研究設備を調べないのはNG
その大学の特色は、キャンパスの雰囲気や授業よりも制度や設備に表れる
○留学制度。1年次からゼミに入る
　国内有数の実験設備

養護教諭志望者を例に、大学進学の理由を考えてみましょう。

　単に「養護教諭になりたい」というだけなら、資格がとれる大学であればどこでもよいはずです。**志望校ならではの学びを明確にして書く必要があります**。たとえば、志望校のカリキュラムに着目すると「副専攻として臨床心理を学べる貴学のカリキュラムに魅力を感じて志望した」という書き方ができます。その上で、入学した際にはどのように学びを進めていくか、どういった目標を持って学問に取り組んでいくかといったような、学修計画まで示せるとよいですね。

志望理由書の例
（養護教諭の大学進学の理由）

OK答案

　養護教諭の資格を取得して学校で働くようになれば、そのような仕事をすることはできます。しかし、私の目指す養護教諭像はそれにとどまらず、自分の活動を近隣の学校や医療機関にも広げ、社会全体で児童を守る地域をつくる人物です。

 自分の将来像を明確に示している。

　それには養護教諭のための学びだけでなく、社会教育学や社会問題の解決法についても学ぶ必要があります。貴学ではこうした教育の隣接領域について幅広く学ぶことができます。その点に魅力を感じて志望しました。

 大学でなければ学べないことを示している。

POINT

☑ その他の道ではなく、大学進学を選択する理由を明らかにする。OK答案を参考にして、自分なりの理由を考えよう。

志望の職業への憧れだけで書くのは…

憧れだけで書かない

　「企業の社長になりたい」「幼い頃からキャビンアテンダントに憧れていた」「アナウンサーになることが私の夢」……特定の職業に憧れて大学で学ぼうとする人は少なくありません。その夢自体は大切ですが、**なんとなくの憧れだけで志望理由書を書いてしまわないように注意する**必要があります。

　特に上のような「憧れる人」が多い職種では、他の志望者と差をつけることが難しくなります。独自の志望理由書を書くには、関連した実績や職業理解の深さで差をつける必要があります。

差別化できる内容を書く

　他の志望者と差別化するために、**志望理由書に書くべき内容をしっかり深めましょう**。なぜ自分がその職種に憧れたのか（きっかけ）、社会の課題にどう向き合うか、どのような価値をつくり出すか（問題と解決策）、その職種に就くことで将来どのような人生・社会が実現するのか（キャリア・人生プラン）について深く考えることで、独自の志望理由書を書くことができます。

志望理由書　NGパターンとOKパターン

NG例

　私は将来テレビアナウンサーになりたいと思っています。ニュース番組でわかりやすくニュースを伝えたり、バラエティー番組を上手に進行したりする「話のプロ」の姿を見て、私もああなりたいと憧れるようになりました。……

 自分が憧れている点しか書いていない。

OK例

　私がアナウンサーを志望するのは、人々に事実を適切に伝え社会を変革する仕事だと思うからです。特に自然災害の報道で冷静沈着に避難を呼びかける姿を見ると、アナウンサーは人々の命を救う役割も担う仕事だと感じます。このような社会的意義のある仕事に憧れ、志望するようになりました。……

 憧れたきっかけや社会的価値をしっかり考えており、職業理解の深さがうかがえる。

POINT
- ☑ 憧れだけで志望理由書を書かない。職業理解の深さで、他の志望者との差別化をねらおう。

合格した先輩の書類をコピペするのは…

NG

✏️ 合格した先輩の答案を丸写しするのは NG

推薦入試の出願書類を書くのは、そう簡単ではありません。そのせいか、楽をしようとして合格した先輩の書類を丸写しする人もときどき見られます。しかし、**たとえ合格した先輩の書類であっても、丸写ししてはいけません。**

倫理的に良くないのはもちろん、自分に関係のない内容が入って細部に粗が出てしまえば、面接のときに簡単にバレてしまいます。自分の本当の姿ではないのですから、どうにか取り繕おうとしても項目同士のつながりがなくなったり、質問にもうまく答えられず浅い話しかできなくなったりします。

✏️ 自分自身の考えを書く

先生や先輩からアドバイスをもらうのはかまいません。ただ、総合型選抜に正解はないため、重要なことはあなたがどう考えているか示すことです。そのため、出願書類、特に自己推薦書には必ず自分自身の考えを書きましょう。そうすれば面接でも自信を持って話すことができますし、書類全体の構成もしっかりと組み立てられたものになります。

自己推薦書　NG パターンと OK パターン

NG例

　私は野球部のキャプテンを務めていました。チームメイトをまとめるのに非常に苦労した。しかしそれが成長の糧となり、文化祭実行委員として同級生をまとめることができました。……

 敬体（です・ます調）と常体（だ・である調）が混在している。

 複数の人の書類をコピペしたため、話が飛んでしまっている。

OK例

　私は高校生活で野球部のキャプテンを務めていました。個性豊かなチームメイトをまとめて一つのチームを作り上げることに非常に苦労しました。しかしそれが成長の糧となり、リーダーシップを身につけることができたと思っています。……

 一貫したストーリーになっている。

 文末が敬体で揃っている。

POINT

☑ **たとえ合格した先輩の書類でもコピペしてはいけない。自己推薦書には自分自身のこと、自分自身の考えを書こう。**

26

よくある志望理由書のミス

設問の条件を確認しない

のは…

➡ 何が求められているかをしっかり確認する

　志望理由書に限らず学力試験でもそうですが、**設問で問われていることに的確に答えなければ正しい答えとは言えません**。たとえば「あなたの将来の展望を書きなさい」という設問に過去の経験を書いても、評価されることはありません。

　このようなミスをしないように、志望理由書の項目や条件を事前に確認し、どんな内容を書かなければならないのか、そのためにどのような準備が必要なのかをはっきりさせておきましょう。

➡ 大学の先生が知りたいことが設問の条件に表れる

　では、なぜ条件が指定されるのでしょうか。それは、志望校の先生が受験生を選抜するのに必要な情報だと考えているからです。たとえば「将来の展望を書きなさい」の欄が他と比べて大きければ、大学の先生は特にそこを知りたがっていると考えられます。もちろん選抜に必要な情報の根底にはアドミッション・ポリシーがあります。**設問の条件に従うことは、アドミッション・ポリシーに適合していることを示すのにとても大切なことなのです。**

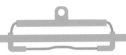

よくある設問の条件

☑ ●●字以内で書きなさい。
  ○ 1字でも超えないようにする
  ○ 下限がない場合は 80％ 以上は書く

☑ 常体で書きなさい。
  ○ 常体（〜だ。／〜である。／用言・助動詞の終止形）
  ○ 敬体（〜です。／〜ます。）では書かない

☑ 将来の展望を書きなさい。
  ○ 将来取得したい資格や就きたい職業を書く
  ○ 資格や職業だけでなく働き方も書く

☑ 大学で学びたいことを具体的に書きなさい。
  ○ 漠然と「●●学を学びたい」と書かない
  ○ 進みたい専攻分野や取りたい授業を書く
  ○ 大学での学びを組み合わせてどんな研究をしたいかを書く

POINT

☑ 設問の条件にはアドミッション・ポリシーが深く関係している。何を書くことが求められているのかをしっかり確認しよう。

27

やりがち度 ❗❗❗ 危険度 ⚡⚡⚡

自己PR について

自己PRでアドミッション・ポリシーをそのまま書く**のは…** NG

 自己PRとは？

　PRとは、企業や官公庁が活動内容を広く知らせることです。一般には長所を宣伝することという意味で使われます。つまり自己PRとは、自分の長所を大学の先生にしっかりとアピールすることです。

　出願書類では、「あなたの将来の夢や目標を教えてください」「あなたの長所と短所は何ですか？」「自己アピールできることを教えてください」「高校生活で努力したことは何ですか？」といった設問で自己PRが求められます。

アドミッション・ポリシーと自分の合致点を明確にする

　自己PRでは客観性が大切です。ただの自慢になってはいけません。とはいえ、本当の自分を隠して大学のアドミッション・ポリシーをそのまま書くのもいけません。**アドミッション・ポリシーに自分の持つ強みが合致していることをアピールし、それを証明する過去の経験や現在の活動を書くとよいでしょう**。こうすることで、客観的で説得力のある自己PRを書くことができます。

自己PR　NGパターンとOKパターン

問題例 あなたの長所と短所は何ですか？（アドミッション・ポリシーに「自ら考え実践する姿勢を持ち、学ぶ意欲の高い人」とある場合）

NG例

✕ アドミッション・ポリシーをそのまま書かない。

　私はアドミッション・ポリシーにあるような「自ら考え実践する姿勢」を持っています。また、明るい性格でどんな人とでも仲良くなれます。さらに、まじめにコツコツと努力できます。リーダーシップもあって……

✕ それを証明する根拠がない。

✕ 長所ばかり並べ立てている。

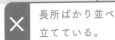
○ 長所を証明できる具体的な行動が示されている。

OK例

　私はまじめにコツコツと努力することが得意です。いつも高校の定期試験の範囲に合わせて計画を立てて勉強しています。計画から外れたときにうまく対応できないこともありましたが、貴学での学びを通して自分を変えていきたいと思っています。……

○ 長所の裏返しとして短所を挙げ、大学での学びで改善することをアピールできている。

POINT
☑ 自己PRでは自分の長所をしっかりとアピールする。アドミッション・ポリシーと自分の合致点を経験や活動とともに書こう。

やりがち度 ! ! !　　　危険度 ⚡ ⚡ ⚡

自己PRについて

自己PRで夢を語るだけになるのは…

✏️　　　　　夢を語るだけではダメ！

　自己PRでは将来の夢や目標、職業人・研究者像についての説明を求められることが多くあります。これに対して、受験生は自分の夢ばかり書いてしまいがちです。夢を持つことは大切ですが、「それをどのように実現するのか」を現実的に考えているということをアピールしなければなりません。また、それが実現できる人間であることを証明する必要もあります。**単に夢を語るだけではなく、過去の経験や夢の実現への過程を考え、それがアドミッション・ポリシーに合致することを表現することが大切です。**

✏️ Before → After を意識してストーリー化する

　そのためには自分の過去・現在・未来をストーリー仕立てで書くことが有効です。次のポイントを意識しましょう。
・Before（過去・現在）→ After（将来像）を対比させる
・エピソードを交えて書く
・その夢を抱くに至った思考の過程を明確にする
・アドミッション・ポリシーに合致する能力や資質を具体化する

自己PRのストーリー化　NGパターンとOKパターン

🖊 **問題例**「あなたの将来の夢や目標を教えてください」

NG例

> 　私は将来高校の国語科教諭になりたいと思っています。ずっと国語が得意で、小説を読むのが好きだからです。……

× 好きなことを述べているだけ。

OK例

> 　私は将来高校の国語科教諭になりたいと思っています。中学生のときまで苦手だった国語を、得意にしてくれたのが高校の恩師です。先生は私の要領を得ない質問にいつも真剣に向き合ってくださいました。熱心なその姿に感銘を受けて、自分もこのような先生になりたいと思うようになりました。また、先生のおかげでいつのまにか国語が得意教科になり、あまり興味のなかった小説のおもしろさを知りました。……

◯ Before → After を書いている。

◯ 自分のエピソードを書いている。

POINT

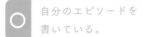

☑ 単に夢を語るだけではなく、過去や現在の活動も書く。将来の夢をストーリー化して文章にしてみよう。

出願書類の提出について

ギリギリまで清書をしないのは… NG

提出まで気を抜かない

出願書類を書く準備が整ったからといって安心してはいけません。**書類の清書にはとても時間がかかります。1大学について1日は見ておきましょう。**ですから遅くとも提出期限の1週間前にはすべての準備を終え、清書に取り掛かることが大切です。

また、提出期限にも注意が必要です。「消印有効」と「必着」では、郵送手続きの締め切り日が変わります。こうした細かいところまで注意しないと、書類を受け付けてもらえないなんてことになりかねません。提出まで気を抜かないようにしましょう。

注意するべきポイント

出願書類送付の最終チェックは、他人任せにせず、必ず自分で責任を持って行いましょう。

出願書類の内容確認、添付資料の整理、書類の郵送の3点が特に重要です。また、目で見て確認するだけでなく指を差して確認することも大切です。自分の目を信用しないつもりで、きっちり確認しましょう。

出願書類発送前の最終チェックのポイント

① 出願書類の内容確認

- ☐ 問われていることに対する文章になっているか
- ☐ 丁寧な字で書けているか
- ☐ 誤字・脱字がないか
- ☐ 写真の提出の仕方が入試要項に沿っているか
- ☐ 下書きの消し忘れがないか

② 添付資料の整理

- ☐ オンラインで提出する課題を送付したか
- ☐ 資格の証明書や調査書は揃っているか
- ☐ PDF ファイルを印刷した際に端が切れていないか

③ 書類の郵送

- ☐ 提出期限の日付と、「消印有効」「必着」のどちらであるかを確認したか
- ☐ 書類がバラバラにならないようにクリップなどで留めてあるか
- ☐ 封筒の宛先に「御中」と書いたか
- ☐ 受験料の振り込みは済んでいるか
- ☐ 郵送の形式が入試要項に沿っているか

POINT

☑ 書類の清書や整理、郵送まで気を抜かない。最終チェックは他人任せにせず、必ず自分で行おう。

やりがち度 ❗❗❗ 危険度 ⚡⚡⚡

レポート課題について

参考文献を読まずにレポートを書くのは…

✏ 事前課題の提出が求められることもある

推薦入試では出願時に志望理由書だけでなく、課題の提出が求められることがあります。たとえば「課題図書を読み、趣旨を要約する」「現代社会の事象を一つ取り上げてレポートを書く」「与えられたテーマの小論文を書く」といった課題です。

事前課題は課題の内容そのものが評価されるというより、**課題をもとに口頭試問やグループディスカッションを実施する**という性格が強いです。ですから、事前課題にもきちんと取り組んでおかないと試験当日の失敗につながりかねません。

✏ レポートの書き方

この事前課題のうち、作成に悩む受験生が多いのがレポート課題です。どのように書いたらよいかわからないという人が多いようですが、まずはテーマについて指定された図書や、そのテーマを考える上で必要な文献を調べ、しっかり読んでおくようにしましょう。自分の頭だけで考えてしまうのではなく、既存のデータや有識者の見解について必ず触れておくことが大切です。

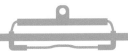

レポートの書き方チェックリスト

☑ 序論・本論・結論の構成で書く
  ○ 序論……レポートの目的、そのための手法
      を書く。あるいはレポートの概要
      を示して書く内容を予告する
  ○ 本論……序論で示した内容の説明をする
  ○ 結論……本論の内容を要約する。与えられ
      た設問・序論で示した目的に対す
      る答えを書く
  末尾に参考文献の一覧を示す場合もある

☑ 設問の条件に従う
  ○ 設問で問われていることに答えているか
  ○ 用紙サイズや字の大きさ、字数などの指定
    に従っているか
  ○ 適切な日本語で書いているか、誤字・脱字
    はないか

☑ 志望理由書と違う内容にする
  志望理由書と、内容が被らないようにする

POINT
☑ 事前課題は試験当日のための準備になっていることがほと
  んど。レポートの書き方は上記のルールに従うようにしよう。

第 3 章

選考までに
することは？

３章では、主に小論文試験と面接試験の概要と対策について紹介しております。いずれの試験も対策をしっかりすることで合格に近づくことができます。

準備を適当に済ませる のは… NG

 ## 提出物の準備

大学入試に出願する際には多くの提出物があり、中には事前に取り寄せておく必要があるものもあります。特に調査書の発行は早めに先生に依頼をしましょう。高校によりますが、数週間前に申請が必要なところもあります。**入試要項が発表されたら、出願に必要な書類を真っ先に確認するようにしましょう。**

小論文・面接試験に必要な準備

推薦入試では多くの大学で小論文を書くことが求められます。また、面接試験が課せられる場合がほとんどです。どちらも事前に入念な準備と対策をしておかなければなりません。直前になってあわてないようにしましょう。小論文では知識や教養、論理的思考力が試されますから、日頃から社会問題に関心を持つように心がけましょう。それらの問題について自分の考えを書いて学校や塾の先生に見てもらい、アドバイスをもらって勉強するとよいでしょう。面接では、志望理由書の内容を詳しく聞かれる可能性が高いです。**志望理由書作成時から、面接を見越して準備をしておきましょう。**

一般的な提出物チェックリスト

- ☑ 願書
- ☑ 写真（受験票用のものも含め複数枚）
- ☑ 調査書
- ☑ 受験料（振込）
- ☑ 外部検定試験のスコア表や合格証
- ☑ 大学入学共通テスト成績請求票

  その他に志望校で必要なものがあれば書き足しておこう

- ☑ _____
- ☑ _____
- ☑ _____
- ☑ _____

詳細は各大学の入試要項を参照しましょう。

POINT

☑ 提出物を確実にチェックして必要なものを早めに揃えよう。小論文・面接試験対策も志望理由書の作成と並行して行うように。

やりがち度 ! ! !　危険度 ⚡ ⚡ ⚡

小論文対策について

小論文と作文は同じだと 考えてしまうのは…

 小論文と作文の違い

　小論文は客観的文章で、作文は主観的文章です。客観とは誰にとっても変わらない見方や考え方のこと、主観とは自分だけの見方や感じ方のことです。つまり、小論文は誰が読んでも解釈が変わらない文章なのに対し、作文は自分の感覚や感情を書く文章であるということです。したがって、小論文を書くためには、主観を交えずに書くということが大切なのです。

 小論文の書き方

　客観的な事実を踏まえていても、自分の意見を思うままに書いているものは小論文とは言えません。誰が読んでも同じように理解してもらえるような工夫が必要です。**常に読み手のことを考えて文章を書くようにしましょう。**

　すべての読み手にきちんと理解してもらうために大切なことが二つあります。**一つは、論理的な文章を書くことです。**内容にきちんとした筋道を通さなければなりません。**もう一つは、基本的な書き方のルールを押さえ、読みやすい文章を書くことです。**

小論文の基本的な書き方のルール

1 　文末は、原則として **「だ」「である」調**（常体）で統一し、「です」「ます」調（敬体）を混在させない。

2 　「〜とか」「〜みたいな」や、「チョー」「マジ」「ヤバイ」などの**話し言葉や日常語**は使用しない。

3 　「？」「！」などの記号表現は使用しない。

4 　**自分のことは「私」**と書き、「僕」「あたし」「自分」などは使用しない。

5 　**略語**は、原則使用しない。ただし、字数を多く使ってしまうときは、断ったうえで使う。例 スマートフォン（以下、スマホ）

6 　**一文を長くしすぎない**（40 〜 60 字が目安）。

7 　**主語と述語のつながり**は丁寧に確認する。

8 　接続語は正しく用いる。使いすぎると、かえって読みにくくなるので注意。

9 　**形式名詞**（こと・もの・とき など）は、ひらがなで書く。

10 　**修辞技法**（体言止め・倒置法・比喩 など）は主観的な文章になりやすいので、なるべく使用しない。

POINT

☑ **小論文は客観的な文章である。読み手を意識して書き方のルールに従って論理的な文章を書く。**

33 小論文対策について

やりがち度 危険度

小論文の対策をしない
のは… **NG**

➡️ 小論文は対策が重要

小論文はセンスだと考えて、試験本番まで対策をしない人がいるようですが、それは誤りです。小論文は、しっかり対策をした人の方が合格する可能性が高くなる試験なのです。そのため、試験前に十分な準備を行うことが重要です。

総合型選抜は9月から、学校推薦型選抜は11月前後から実施されます。**出願から試験までの期間がほとんどないので、書類だけに熱中し、小論文や面接の対策をおろそかにしないようにしましょう。**

➡️ 正しい対策とは？

まだ志望校が決定していなければ、気になる大学の過去問を数校分見てみましょう。推薦入試へ向けてどのような対策を立てておくべきか、見えてくるはずです。

すでに志望校が決定していれば、さっそく志望校の過去問を解いてみましょう。どのような対策が必要かを確認して、知識を身につけたり頻出テーマで小論文を書く練習をしたりしましょう。また、学校や塾の先生に必ず添削してもらうようにしましょう。

小論文の学習の流れ

知識・情報を修得する

↓

頻出テーマで練習する

↓

過去問の演習を行う

POINT

☑ 小論文の対策は早めに始める。まずは志望校の過去問を見て、必要な対策を考えて実行しよう。

34

やりがち度 ❶ ❶ ❶ 　 危険度 ⚡ ⚡ ⚡

小論文対策について

小論文に正しい書き方はないと思うのは…

いきなり書かずにまずは準備

　何も考えずにとりあえず書き始めてしまい、最後に文章がまとまらなくなってしまった……という経験をした人もいるでしょう。小論文は書く前にきちんとした準備が必要です。準備にはポイントが二つあります。一つは、**書き始める前にメモを作る**ことです。課題文の内容から思いついたことをたくさん書き出します。たくさん書くことでそれぞれのつながりが見えてきます。もう一つは**序論・本論・結論という三段構成の大まかな流れを作る**ことです。自分の考えを筋道立てて構成するときの一般的な考え方です。

答案内容のバランスを考える

　序論・本論・結論の構成で書いても、論理的でなく説得力のない文章になることもあります。それは各論のバランスが悪いからです。特に本論が短く序論が長いと説得力の弱い文章になりがちです。書き始める前に、ある程度字数の配分を決めておくことが大切です。**序論：本論：結論＝１：６：１**を目安に字数の配分を考えておきましょう。

小論文を書き始める前のメモ

問題 男女共同参画社会の実現にはどのようなことが必要か。あなたの考えを 800 字以内で述べなさい。

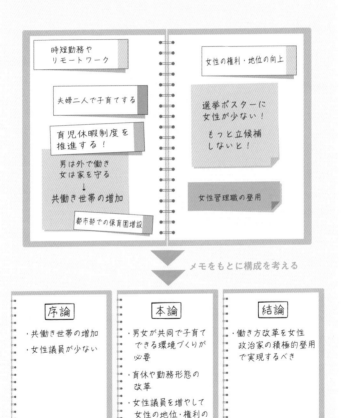

時短勤務や
リモートワーク

夫婦二人で子育てする

育児休暇制度を
推進する！

男は外で働き
女は家を守る
↓
共働き世帯の増加

都市部での保育園増設

女性の権利・地位の向上

選挙ポスターに
女性が少ない！

もっと立候補
しないと！

女性管理職の登用

メモをもとに構成を考える

序論
・共働き世帯の増加
・女性議員が少ない

本論
・男女が共同で子育て
できる環境づくりが
必要
・育休や勤務形態の
改革
・女性議員を増やして
女性の地位・権利の
向上

結論
・働き方改革を女性
政治家の積極的登用
で実現するべき

小論文の書き方 NG ポイント

① 設問の指示を満たしていない

　まずは設問をよく読み、出題者が何を答えてほしいと考えているのかを正確につかみましょう。設問の指示を満たしていなければ合格答案にはなりません。

② 準備しないで書き始める

　書き始める前にメモを作ってたくさんのアイデアを出してから、序論・本論・結論の三段構成になるようにバランスを考えながらメモの内容を振り分けましょう。

③ 主張を適切に示していない

　自分の主張は最初に書きましょう。言いたいことを簡潔にまとめて書きます。また賛成か反対かを答える設問もありますが、すべてがそうとは限りません。設問の要求に的確に答えましょう。

④ 文章をきちんと構成できていない

　形式的な型に頼らず、序論・本論・結論という内容的な型を意識して書くことが大切です。また、文章の書き出しと末尾の内容がズレないように注意しましょう。

⑤ 説得力のある内容になっていない

　論理的な文章を書くには、同じ内容を繰り返し述べるのではなく、対比関係や因果関係を使って展開することがポイントです。また、具体例を入れてわかりやすくしたり、実現可能な解決策を考えたりすると説得力が増します。

小論文の書き方チェックリスト

- ☑ 書いた内容が問題文の指示と一致しているか
- ☑ 設問で聞かれていることをすべて書かれているか
- ☑ 書き始める前の準備はできているか
- ☑ 答案の内容のバランスは悪くないか
- ☑ 主張を最初に書いているか
- ☑ 安易に「賛成」「反対」で答えていないか
- ☑ 小論文を無理やり型にはめていないか
- ☑ 序論と結論は一致しているか
- ☑ 同じ内容をずっと繰り返していないか
- ☑ 主張を補強する根拠や理由を挙げられているか
- ☑ 具体例は適切に入れているか
- ☑ 自分のエピソードばかり書いていないか

POINT

☑ **小論文は、書く前にメモを作って考える。序論・本論・結論の三段構成で書く。**

35

やりがち度 ! ! !

危険度 ⚡ ⚡ ⚡

小論文対策について

最後まで書き終えられ ないのは…

字数制限は要確認

小論文の試験では多くの場合字数を指定されます。制限より長くても短くてもいけません。「○○字以上○○字以内」は範囲内に収めます。**「○○字以内」は最低でも8割、できれば9割は書き**たいところです。**「○○字程度」はプラスマイナス10%程度に**収めましょう。

何も書けずに終わってしまわないように

試験途中に頭が真っ白になって何も考えられなくなってしまった経験はありませんか? 入試本番ではこのような事態を絶対に避けなければなりません。

まずは一呼吸入れて、落ち着いて設問を読み直しましょう。**設問で求められていることに最低限答えることができれば、制限字数の5割程度は満たせることが多いです。**そうすれば、部分点をもらえる可能性も出てきます。解答用紙を白紙で提出するよりは断然マシです。

小論文の試験中に確認するチェックリスト

☑ 制限字数以内で書く

☑ 試験中に時間を細かく確認する

☑ 設問に対応する答えを書く

☑ 下書き用紙を活用する

☑ 書きながら考えて、必要に応じて方向修正する

☑ 書いた文章は必ず読み返して適宜修正する

時間配分をチェックしておく

　小論文の試験で不合格になった生徒の多くが「時間が足りなかった」と反省の弁を述べます。この失敗を回避するには、**事前に大まかな時間配分を決めておく**ことが重要です。人によって最適な時間配分は異なりますし、課題文の量や設問の数、内容にも影響を受けます。志望校の過去問を解き、自分なりの時間配分を作り上げておきましょう。

間に合わないかもしれないときは？

　試験の最中に「これはもう間に合わない！」と思っても、諦めてはいけません。書きかけの状態で提出するのはできるだけ避けましょう。具体例などは省き、**「以上により〜と考える」といったように強引に結論に持っていく**ことも作戦の一つです。部分点がもらえる可能性に賭けましょう。

　最後に、時間配分のミスによるリスクを最大限回避する作戦を一つ教えます。それは、**文章の書き出しに結論を書いてしまう**ことです。実は、最初に結論を書いてしまっても、文章の展開が大きく崩れることは少ないのです。本論の理由づけは後づけとなってしまいますが、逆に言えば、結論に合わせて柔軟に本論を変えることができるということでもあります。「考えてから書く」のが原則ですが、苦しいときは「書きながら考える」ことも必要です。

時間配分の例

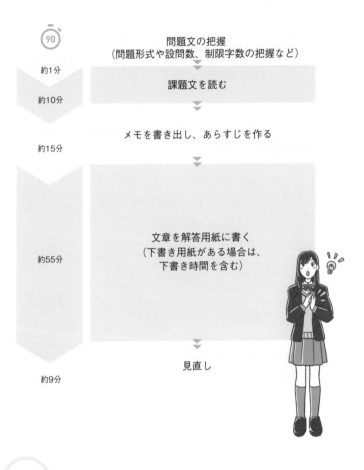

⏱(90)

約1分　問題文の把握
（問題形式や設問数、制限字数の把握など）

約10分　課題文を読む

約15分　メモを書き出し、あらすじを作る

約55分　文章を解答用紙に書く
（下書用紙がある場合は、
下書き時間を含む）

約9分　見直し

POINT
☑ 字数制限、時間配分を入念にチェックしてから書く。時間
が足りなくなるリスクを回避する取り組み方を考えておく。

36

やりがち度 ❗❗❗ 危険度 ⚡⚡⚡

小論文対策について

見直しをせず提出する NG

のは…

✏ ミスは起こるもの

　時間に気をとられ見直しをせず提出してしまった結果、ミスだらけで大幅に減点されたという経験は誰しもしたことがあるでしょう。このようなもったいない減点を防ぐには見直しが欠かせません。極力ミスをしない取り組み方、見直しの仕方を確認しておきましょう。

✏ 誤字・脱字をなくす

　特に重要なのが誤字・脱字をなくすこと。普段の漢字の勉強から、間違いやすい字は注意して覚えておいたり、読めるけれども書けない字をなくすよう意識したりすることが大切です。また、現代文の文章や新聞の社説を丁寧に書き写す「書写」も有効です。もちろん漢字はそのまま写してください。

　また、**序論・本論・結論の切れ目でいったん見直しをするのもおすすめです**。書き直しを最小限にとどめることができます。

見直しポイントのチェックリスト

☑ 誤字・脱字はないか

☑ 文や段落の接続はおかしくないか

☑ 段落の最初を1字下げているか

☑ 句読点の打ち方に不自然なところはないか

☑ 主語・述語は対応しているか

☑ 文体は統一されているか

☑ 修正によって設問に対応しない答えになっていないか

POINT
☑ **大幅に書き直さなくてよい文章を書くことが重要。誤字・脱字を防ぐ対策もしっかりやっておこう。**

37 小論文対策について

やりがち度 ！！！ 危険度 ⚡⚡⚡

知識や語彙を蓄えて いないのは… NG

小論文を書くには知識が必要

　課題文型の小論文では、課題文の内容をきちんと理解できなければ、自分の意見も的外れになってしまいます。したがって、小論文対策として知識や語彙を増やし、蓄えておくことも大切です。

語彙力は読解力・表現力の基礎

　知識・語彙を増やすための勉強のポイントは三つあります。

① 本やニュース、インターネットの記事

　自分の志望学部・学科に関する本を読んだり、新聞でニュース記事を読んだりすることが最も重要です（右ページを参考）。

② 小論文の頻出テーマを解説した参考書

　小論文の参考書は、入試問題が十分に研究されており、必要事項が解説されているので、知識を素早く身につけられます。

③ 現代文の語彙集・漢字の問題集

　現代文のキーワード集や漢字の問題集は、語彙を身につけるのにとても有効です。語彙力は読解力だけでなく、文章の表現力の向上にもつながりますから、しっかり勉強しておきましょう。

小論文を書くには知識が必要

	知識を身につける方法
インターネットで調べる	発信元がはっきりしている情報にアクセスする（官公庁、大学、NHKや新聞社のサイト）
	匿名の情報を信じない
	志望学部・学科や職業に関する本を読む
本を読む	志望校のシラバス（授業計画）を見て、興味のある授業の参考文献のうち入門的なものを読む
	たくさん読まなくてもよい。1冊をしっかり理解するつもりで読む

POINT

☑ 課題文を読解し的確な解答を作るには、知識・語彙が欠かせない。本やニュース記事、参考書を活用して勉強する。

38

やりがち度

危険度

面接対策について

面接の対策をしないのは…

面接は対策が重要

　面接は小論文よりも対策が難しい、対策のしようがないと思っている人もいるでしょう。しかし、試験会場で言葉に詰まったり頭が真っ白になったりする可能性もあります。そういう状況を想定して、十分な準備、対策をしておくべきです。

　学校の進路指導室には、過去の受験生の面接情報が多く蓄積されています。そういった情報に触れて、自分ならどのように答えるかを考えておくことも対策の一つです。

積極的にアドバイスをもらおう

　面接練習を一人で行うことは難しいです。**学校や塾の先生、保護者の方の協力を仰いで面接官役をやってもらい、客観的なアドバイスをもらいましょう。**

　話の内容はもちろんですが、話し方や態度、身だしなみなどは意外と自分では気づきにくいものです。第三者の視点から指摘されて初めて気づくこともあります。他者から見た自分の像を知ることで、自分を客観的に見ることができるようになるのです。

面接の対策

話す内容を自分でまとめる

想定される質問に対する答えを
ノートに書いて、整理しましょう。

面接官役に質問をしてもらう

面接官役に、答えに対して
「なぜ？」「だから？」
「たとえば？」など
突っ込んでもらいましょう。

✏️ 面接の流れと、見られているポイント

面接当日は、自宅を出発→控え室で待機→面接会場に入室→面接→退室という流れで進みます。それぞれの場面で注意するべきこととして右ページにチェックリストを載せてあります。確認しながら準備を進めましょう。対策のポイントは次の四つです。

① **服装・身だしなみを整える**
② **控え室での待機の仕方もチェックされていると考える**
③ **面接会場ではきびきび動き、ハキハキ受け答えする**
④ **ノックやドアの開閉、着席はゆっくり行う**

✏️ 準備ができたら面接本番！

試験前日まで面接の対策をしっかり行っておき、いよいよ当日です。最終チェックを行うべきですが、家を出る前に面接の練習をする時間の余裕はあまりないですよね。では、当日にできる対策とは何でしょうか。

それは、**面接の流れのイメージトレーニング**です。たとえば受験番号をド忘れしてしまった、「どうぞおかけください」と言われる前に座ってしまった……こんなことがあり得ます。この程度のことで不合格になることはありませんが、予定していた通りにできないと焦って頭が真っ白になることもあります。こうした失敗を避けるために、流れの最終確認をすることが大切です。

面接の身だしなみ・当日の行動チェックリスト

●服装・身だしなみ

- ☑ 清潔な服装　高校生は制服がよい
- ☑ さっぱりした髪型　寝ぐせを直す
  髪の長い人はまとめる
- ☑ ハンカチやティッシュペーパーを持参する

●面接前

- ☑ 控え室では静かに待つ
  だらしなく座ったりゲームをしたりしない
- ☑ 面接の受け答えの最終確認を行う

●入室〜退室

- ☑ 三回ノックし、声を掛けられてから入室する
- ☑ 面接官の先生に「おかけください」と言われてから着席する
- ☑ 面接官の先生の顔を見ながらハキハキと答える
- ☑ 面接が終わったら椅子の横でおじぎをし、「ありがとうございました」と言う

POINT

☑ **面接の対策では、他者からアドバイスをもらうことが大切。**
面接当日の失敗リスクを避けるために十分練習しよう。

39

やりがち度 **❗❗❗**　　危険度 **⚡⚡⚡**

面接対策について

話し方がわかっていない

のは…

✏️ 面接は楽しく話せたら成功！……ではない

面接に対するよくある誤解の一つが、「自分はコミュニケーション能力が高い、話すのが得意だから面接対策は必要がない」という考え方です。たしかに、面接官の質問に笑顔でスラスラと答えられれば印象はよいのですが、答えた内容に中身がなければ意味がありません。そして**面接の中身を決めるのは、志望理由書の内容を深く掘り下げて話せるかどうか**です。面接の対策とは、単に話し方の問題ではないのです。

✏️ 過度なアピールは不要？

自分をよく見せようと思ってウソをついたり、実際よりも大げさに言ったりするのも NG です。完璧な生徒であることを演じたくなる気持ちはよくわかりますが、誰しも短所や欠点を持っているものです。それを認め、克服しようとしていることをアピールすることの方が好印象を与えることができます。**質問に対して、真剣でウソやごまかしのない答えを返す**ことが何よりも大切です。

質問例 **なぜその学びでないとダメなのか？**

【答えのヒント】

・将来のために自分はこの学びをする必要があるから

・研究したい内容の先行研究を当該教授がしているから

質問例 **あなたがそれをやる理由は何なのか？**

【答えのヒント】

・考え始めたきっかけ、それらを通じて感じた思い

・自分にしかできないことを実現するための手段

質問例 **本気でそのキャリアを歩むのか？**

【答えのヒント】

・目指している姿やロールモデル

・志望大学の卒業生

・キャリアは通過点だが、それを通る必要がある

POINT

☑ 志望理由書に書いた内容を深く掘り下げて話せるように準備する。ウソ、大げさ、まぎらわしい表現は避け、真剣に答えよう。

会話ができればよいと思う

面接は面接官と会話を楽しむ場ではありません。志望校入学への思いや自分の資質・能力を伝える場です。

面接できかれることをまったく知らない／どんな質問がくるのか不安に思う

行き当たりばったりでは、きちんとした受け答えはできません。志望理由書の準備を丁寧に行うと同時に、学校の進路室などで面接の情報を確認しましょう。

完璧であることをアピールすればよい／他の人と比べて優秀だと見せつければよいと思う

短所や欠点は誰にでもあります。完璧を装えば装うほど、面接官の先生にかえって疑われかねません。短所や欠点を認め、克服しようとしている意志をアピールしましょう。

とにかく長く、たくさんしゃべればよいと思う／言いたいことはすべて一気に伝える

言いたいことは簡潔にまとめ、きちんと伝わる表現や話し方を意識しましょう。

こちらから質問する必要はない

志望学部・学科の学びについて調べておき、面接時に質問するのも好印象です。

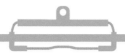

面接で気をつけるべきチェックリスト

☑ 自分の資質・能力を伝える

☑ 面接で聞かれやすい質問を確認する

☑ 完璧を装わない

☑ 短所や欠点を正しく認識して臨む

☑ 言いたいことを簡潔にまとめて伝える

40

面接対策について

志望理由書を気にしない

のは…

志望理由書と面接の関係

面接で最も重要なのが志望理由書です。面接では志望理由書の内容をもとに質疑が行われます。そして**志望理由書に書かれていないさらに深い内容や、書類では測れない能力や知識までが問われるのです**。だからこそ、志望理由書は自分で調べて書くことが大切なのです。自分で調べた内容を自分の言葉で書くからこそ、面接でもうまく話せるようになるのです。

しっかりした事前準備が必要

面接で見られるのは、受験生が学校にとって魅力的であるかどうかと、志望理由書は自分で考えて自分の言葉で書いた書類であり、書いたことは本当なのかの二点です。志望理由書がしっかり書けていれば、あとは自分が志望校にとって魅力的かどうかです。**志望校の教育理念やアドミッション・ポリシーを見て、自分がそれにふさわしい人間であることをアピールできるよう準備しておきましょう。**今一つ合わないと思ったら、どうすれば志望校に合う自分に成長できるかを考え、行動を始めてください。

面接で見られるポイント

面接官

◎志望理由書は自分で書いたのか。
◎志望理由書だけでは測れない
　能力や知識を知りたい。
◎本学に進学したいという熱意は
　どれくらいあるのか。

受験生

◎志望理由書をしっかり書いた。
◎志望校のアドミッション・ポリシーを
　確認した。
◎自分の能力や魅力を伝えられるように
　準備した。

113

丸暗記だけでは NG

　面接での受け答えと志望理由書の内容が矛盾しないように、志望理由書に書いた内容は覚えておく必要があります。しかし面接はスピーチではありません。覚えたことをただ話すだけにならないように注意しましょう。

　また、面接では志望理由書に書かれていること以外の質問がなされることもあります。志望理由にウソがないか、どれくらいの本気度なのかを測るために、面接官の先生はいろいろ工夫して質問してきます。このように、**面接は丸暗記では太刀打ちできない**のです。

書類だけでは測れない能力を見られる

　志望理由書や書類だけでは測れない能力が試されるのが面接という場です。ですから、志望理由書を作成する段階から、志望理由書に書くこと以上の内容を調べたり考えたりする準備の必要がありますし、臨機応変な対応、立ち居振る舞いや言葉遣いまで気を配らなければなりません。

　こうした面接の準備のために、**志望理由書で表現しきれなかったことや、さらに深掘りして調べたことなどをまとめるノートを作っておく**とよいでしょう。志望理由書を中心に知識・情報を広げ、詳しく話せるようになっておくことが、面接対策では不可欠です。

志望理由書と面接

志望理由書を中心に知識・情報を広げ、詳しく話せるようにしておく

解決したい社会問題と
未来のビジョン

志望職種や取りたい資格、
そのために必要な学び

高校での勉強や活動歴、
そこから得られたこと

志望校・志望学部の
理念や教育内容

志望理由書

過去の経験や
現在の資質・能力

POINT

☑ 丸暗記だけでは太刀打ちできない。志望理由書に書ききれ
なかったことも面接で話せるように準備する。

グループディスカッション対策をしない のは…

集団面接とグループディスカッションの違い

高校入試で集団面接を経験したことがある人もいるでしょう。推薦入試で課せられるグループディスカッションも同じようなものだと思って対策しようとしない人がいるようです。しかし、集団面接とグループディスカッションはまったく異なるものです。

集団面接は面接会場に複数の受験生が入り、1列に並んでどちらかの端から順に答える形式で進みます（単に時短のためということもあるかもしれません）。しかし、**グループディスカッションでは集団で意見を交わし議論することが求められます**。したがって、面接とは異なる対策が必要です。

グループディスカッションで大切なこと

グループディスカッションで見られているのは意見だけではありません。他の受験生の考えをきちんと聞けているか、それに対する的確な意見や発展的な考えを述べられるか、ディスカッションでどのような役割を果たしているか——つまり、**議論に前向きに参加し、論理的に意見を述べ、グループに貢献しているかどうかが見られている**のです。

集団面接

面接官の質問に一人ずつ答える

グループディスカッション

受験生がその場で議論する

POINT

☑ 集団面接とグループディスカッションはまったくの別物。
グループの議論に貢献することを意識する。

プレゼンテーション対策 をしないのは…

✏ プレゼンテーションとは？

　推薦入試ではプレゼンテーションが課せられることがあります。**プレゼンテーションとは、自分の考えが他者に理解されやすいように、目に見える形で表現することです。**プレゼンテーション試験では、大学に与えられた課題について事前に調査し、試験会場で発表することが求められます。ですから、きちんと事前準備をしておかなければならないのです。出願から試験日までは時間がありますから準備の時間は長くとれます。その期間に必要なことをしっかり準備しておきましょう。

✏ プレゼンテーションの準備

　与えられる課題によって準備することは異なります。詳しくは志望大学の入試要項を確認しましょう。右ページはその一例です。

　多くの場合、プレゼンテーションでは受験生の経験と大学での学びを結び付ける課題が課せられます。志望理由書などの出願書類の内容と矛盾せず、かつプレゼンテーション独自の内容も盛り込む必要があります。事前に発表内容をよく考えることが大切です。

プレゼンテーションの準備の例

① テーマの確認

例：「総合的な探究の時間」で探究したことと、それが大学での学びにどのようにつながるのかを発表しなさい

② 情報の整理

探究活動の資料を揃え、構成を考える

③ 発表の構成の検討

「目的」、「内容と方法」、「結果と考察」、「大学での学びとのつながり」の四点に整理する

④ 発表資料の作成

印刷資料、投影用スライド、掲示用ポスターなどを作る

⑤ 発表の練習を行う

学校や塾の先生、友人などに見てもらってアドバイスを受ける

POINT

☑ 入念な事前準備を行ってから発表しよう。自分の経験と大学での学びをわかりやすく目に見える形で表現する。

巻末
コラム

入学までに
することは？

巻末コラムでは、推薦入試の受験の後から入学までにすることを紹介しております。本書の解説を参考にして、有意義に過ごすようにしましょう。

入学金の振込を忘れる NG

のは…

 大学入学前に必要な手続き

志望校合格は何にも代えがたい喜びです。しかし、いつまでも合格の余韻に浸っているわけにはいきません。合格したら、さっそく入学に必要な手続きを行いましょう。期限までに手続きを行わないと、入学意志がないと見なされてしまいます。入学金の振込にしても、入学手続き書類の提出にしても、新入生の入学前登校日にしても、期日、日程が決まっています。**入試の出願のときと同じように、しっかりとスケジュールを確認して行動しましょう。**

入学手続きのスケジュールを、一人で管理するのが大変な場合は、必ず**まわりの人にもお願いして一緒に確認してもらいましょう。**

学費の振込、必要書類の提出

入学手続きは大学ごとに異なります。一般的な例を右ページに示しておきましたので参考にしてください。

必要書類をすべて揃えて期日までに提出し、大学に受領される——ここまで終えて初めて入学決定です。受領印を眺めながら、新年度からの大学生活を心待ちにしましょう！

合格発表後の手続き

(1) 合格発表
インターネット発表で合格確認後、
その後の手続きを説明するサイトにアクセスできる

▼

(2) 入学手続金の納入
振込期日までに納入する

▼

(3) 入学手続書類のダウンロード
受験番号と手続金納入が確認できると、
ダウンロード専用ページにアクセスできるようになる

▼

(4) 必要事項の記入
書類記入以外に書類の取り寄せが必要なこともある
（例：住民票の写し）

▼

(5) 必要書類の提出
新入学生の登校日に出席して必要書類を提出

▼

入学!!

POINT

☑ **入学手続きが終わって初めて入学が決定する。手続きのスケジュールは、まわりの人と一緒に確認しながら進めよう。**

44 合格後の勉強

やりがち度 **! ! !**　危険度 **⚡ ⚡ ⚡**

遊んで過ごすのは…

➡ ### 課題や語学、資格の勉強をする

「合格したからもう勉強しなくていい！」と思ってしまう受験生は少なくありません。合格の喜びに浸って受験期間の緊張感を失ってしまう人もたくさんいます。しかし、思い出してください。**あなたは何のために大学に進学するのですか？**

志望理由書に書いたように、あなたは自分の関心のある分野について学ぶために大学に進学するはずです。ですから、合格から入学までの期間はそのための準備にあてるべきです。

高校範囲の学び直し、大学からの課題に取り組む、資格取得や語学の勉強をしておくなど、やるべきことはたくさんあります。右ページのやることリストを見ながら確認してください。

➡ ### 一般入試で受験する人の邪魔をしない

もう一つ大切なのが、**一般入試に向けて勉強している友人に合格自慢をしたり、遊びに誘ったりしない**ことです。次の受験に向けて頑張っている人を応援し見守ることは、友人としての礼儀です。浮かれすぎず、節度を保って過ごしましょう。

合格してから入学までにやることリスト

☑ 高校範囲の勉強
文系なら英語、理系なら数学・理科の勉強を
欠かさない

☑ 本を読む
学部・学科から課題図書の指示があることも
ある

☑ 社会活動に参加する
ボランティアや地域の活動に積極的に参加し
て人とのつながりをつくる。それが大学生活
に生きてくる

☑ 一般入試で受験する人を応援する
勉強の邪魔をしたり遊びに誘ったりしない

POINT
☑ **合格してから入学するまでの間も勉強しよう。一般入試で
受験する友人に対しては節度を保って接することが大切。**

45

推薦入試の不合格は不利になるのか？

推薦入試で落ちたら一般 入試でも落ちると考えるのは…

➡ 本当に志望している大学を目指す

　不合格を恐れて併願可能な私立大学の総合型選抜をたくさん受験する人もいますが、あまりおすすめできません。**志望度の高い大学に集中して志望理由書や面接対策、小論文対策に励んだ方が合格の可能性は高まります。**

➡ 推薦入試と一般入試は別のもの

　推薦入試が残念な結果に終わってしまったら、一般入試にチャレンジすることになります。ここは気持ちを切り替えて、頑張らなければなりません。ところが「推薦入試に落ちると一般入試の際にチェックされて不利になるのではないか」と不安に陥る受験生もいます。もちろんそんなことはありません。**推薦入試と一般入試はまったく別の試験であり、一般入試は試験の結果以外の要素が合否に影響を与えることはありません。**心機一転勉強に取り組み、志望校合格を目指しましょう。

POINT

☑ 第一志望の推薦入試に全精力を傾けよう。推薦入試と一般 入試はまったく別の入試だと考えるべき。

本番で失敗しない！やりがちＮＧをおさえる

総合型選抜　学校推薦型選抜
特急合格ＢＯＯＫ

監修	総合型選抜専門塾 AOI　福井　悠紀
編集協力	秋下　幸恵
	石割　とも子
	佐藤　由惟
	エデュ・プラニング合同会社
	株式会社ダブルウイング
イラスト	純頃
ブックデザイン	別府　拓（Q.design）
DTP	株式会社　ユニックス
企画・編集	徳永　智哉

©Gakken